Dieses Buch gehört

....

Copyright © BPA Publishing Ltd 2020

Autor: Pip Reid

Illustrator: Thomas Barnett

Kreativdirektor: Curtis Reid

www.biblepathwayadventures.com

Vielen Dank für die Unterstützung von den Bible Pathway Adventures®. Unsere Abenteuer-Reihe hilft Erwachsenen dabei, Kindern Inhalte der Bibel auf kreative Art und Weise beizubringen. Konzipiert für die ganze Familie, ist das Ziel der Bibel Pfad Abenteuer, die christliche Nachfolge weltweit zurück in das Zuhause von Familien zu bringen.
Die Suche nach der Wahrheit macht mehr Spaß, als in Traditionen zu verharren!

Die moralischen Rechte des Autors und Illustrators wurden geltend gemacht, dieses Buch ist urheberrechtlich geschützt.

ISBN: 978-1-989961-06-3

Der Kampf mit dem Riesen

Die Abenteuer von David

„Und er nahm seinen Stab in seine Hand und erwählte fünf glatte Steine aus dem Bach und tat sie in seine Hirtentasche. Seine Schleuder hatte er in seiner Hand…" (1. Samuel 17:40)

Musst du in eine königliche Familie geboren werden, um ein König zu sein? Nicht wenn Gott das Sagen hat! Vor langer Zeit erwählte Gott einen jungen Hirten namens David vom Stamme Judas, König von Israel zu werden. Gott wollte beweisen, dass er den richtigen für die Aufgabe ausgesucht hatte. Bevor David König wurde, erwarteten ihn daher viele Prüfungen und viele aufregende Abenteuer.

In jener Zeit wurde Israel von einem ungehorsamen König namens Saul regiert. Mit Hilfe seines Sohnes Jonathan hatte Saul viele Schlachten gewonnen. Doch er hörte nicht mehr auf Gott.

Eines Tages besiegte seine Armee einen erbitterten Gegner: die blutrünstigen Amalekiter. Anstatt alle Menschen und ihr Vieh zu vernichten, wie Gott ihm befohlen hatte, behielt Saul die besten Schafe und Rinder für sich selbst.

„Lasst auch den König von Amalek am Leben", befahl Saul seinen Soldaten. „Wir behalten ihn als Gefangenen."

Wusstest du schon?

Viele Menschen glauben das es verschiedene Bezeichnungen für Gott gibt. Diese sind Jah, Jahweh, Yahuah, und viele mehr.

Gott war mit Sauls Verhalten unzufrieden. Er wusste, dass die Amalekiter die Israeliten erneut angreifen würden, wenn Saul die Menschen und das Vieh verschonte. Gott erwartete Gehorsamkeit, daher sprach er zu seinem Propheten Samuel.

„Ich bereue es, Saul zum König gemacht zu haben", sagte Gott zu Samuel. „Er hat sich von mir abgewendet und missachtet meine Anweisungen. Es ist Zeit für einen neuen König von Israel." Samuel wusste, dass Gott Saul das Königreich wegnehmen würde. Er vergrub sein Gesicht in den Händen und weinte.

„Samuel, hör auf, um Saul zu weinen", sprach Gott. „Nimm etwas Olivenöl und begib dich nach Bethlehem. Wenn du dort ankommst, suche einen Mann namens Jesse. Ich habe einen seiner Söhne dazu auserwählt, der nächste König zu werden."

Samuel war besorgt. „Wenn Saul bemerkt, dass ich einen neuen König suche, wird er mich töten!" Samuel war zwar ein wichtiger Prophet, doch Saul war immer noch ein mächtiger König. „Sorge dich nicht", antwortete Gott. „Nimm ein Kalb mit und sage du seiest dort, um mir ein Opfer darzubringen. Lade Jesse zu der Mahlzeit ein. Ich werde dir zeigen, was du als Nächstes tun sollst."

Samuel gehorchte Gott sofort und eilte nach Bethlehem. Als er das Tor von Bethlehem erreichte, liefen ihm die Älteren grüßend entgegen. „Warum bist du hier?" fragten sie mit zitternden Händen. „Kommst du in Frieden?" Die Älteren hatten allen Grund nervös zu sein. Samuel war nicht nur ein Prophet. Er war auch ein Richter und ein Heerführer.

„Fürchtet euch nicht", erwiderte Samuel. „Ich bin gekommen, um Gott ein Opfer zu bringen. Kommt und gesellt euch dazu." Samuel lud Jesse und seine Söhne ebenfalls zu der Opfergabe ein. „Gott wird den nächsten König von Israel unter deinen Söhnen auswählen", verriet er Jesse im Geheimen.

Als Jesse und seine Söhne ankamen, betrachtete Samuel Eliab, den ältesten Sohn. *„Hmmm… dieser Mann ist groß und stattlich, und sieht aus wie ein König",* dachte Samuel. *„Er muss derjenige sein, den Gott auserwählt hat."*

Doch Gott hatte andere Vorstellungen. „Halte dich nicht mit Eliabs Aussehen auf", sagte Gott. „Er wird nicht der nächste König sein. Ich schaue nicht auf das Äußere eines Menschen. Ich schaue in sein Herz."

Einen nach dem anderen brachte Jesse seine Söhne zu Samuel. Aber jedes Mal sprach Gott nein. „Gott hat keinen dieser sieben Männer auserwählt", sagte Samuel zu Jesse. „Hast du noch andere Söhne?" Jesse verzog das Gesicht und kratzte seinen Bart. „Ich habe einen anderen Sohn namens David", erwiderte er. Er zeigte auf einen felsigen Hang in der Nähe, wo David die Schafe hütete. „Wie könnte er ein König sein?"

Samuel schaute David durch das Fenster an und lächelte. Er wusste, dass dies der Mann war, den Gott als nächsten König von Israel auserwählt hatte. „Sag ihm, er soll kommen, um mich zu sehen", sprach Samuel aufgeregt. „Nach seiner Ankunft werden wir speisen."

Wusstest du schon?

Samuel war ein Nazarit. Das bedeutet, dass er als Diener Gottes bestimmt war. Viele Bibel-Gelehrte glauben, dass dies der Grund ist, warum Samuel sich nie seine Haare schnitt.

David kletterte den felsigen Pfad hinab, um Samuel zu treffen. Er war sehr stark und ansehnlich und hatte ein Funkeln in den Augen. „Samuel, steh auf und salbe ihn", sprach Gott. „Er ist der Auserwählte!"

Samuel nahm das Gefäß mit dem Olivenöl und goss es David vorsichtig über den Kopf, um zu zeigen, dass er der nächste König von Israel sein würde. Sogleich kam der Heilige Geist auf David herab.

Jesses Söhne sahen sich überrascht an. Warum war ihr jüngster Bruder zum König gesalbt worden, und nicht einer von ihnen? Samuel gab ihnen keine Antworten. Sein Werk war getan. Das Volk von Israel hatte ihren nächsten König.

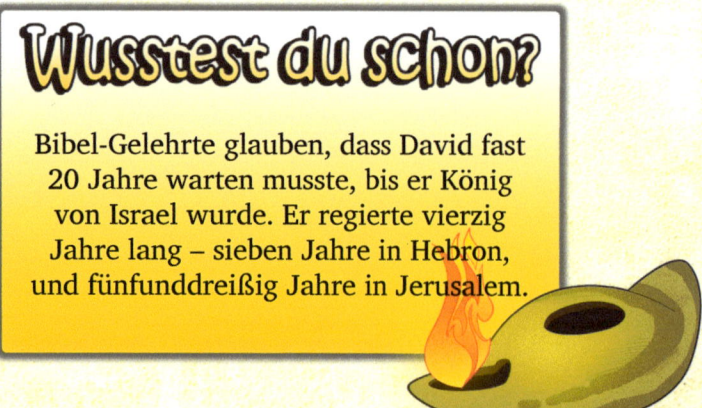

Wusstest du schon?

Bibel-Gelehrte glauben, dass David fast 20 Jahre warten musste, bis er König von Israel wurde. Er regierte vierzig Jahre lang – sieben Jahre in Hebron, und fünfunddreißig Jahre in Jerusalem.

Während dieser Zeit regierte König Saul immer noch das Land. Er wohnte in einem großen Stein-Palast in der Stadt Gibea. Weil er ungehorsam gewesen war, verließ ihn der Geist Gottes. Stattdessen ergriff ein böser Geist Besitz von ihm und quälte ihn Tag und Nacht. Scheinbar nichts konnte Sauls Gemüt beruhigen. Seine Diener liefen besorgt auf und ab und fragten sich, was zu tun sei.

„Lasst uns einen Harfenspieler finden", schlugen sie vor. „Vielleicht wird die Musik helfen, dich zu beruhigen."
Saul zuckte mit den Schultern und seufzte. Er wusste nicht, warum dieser böse Geist über ihn gekommen war.

„Einer von Jesses Söhnen in Bethlehem kann Harfe spielen", fuhren die Diener fort. „Er ist ein tapferer Man, der Gott liebt. Sein Name ist David."

Saul sandte David sofort eine Nachricht zum Palast. Schließlich konnte man dem König von Israel nicht den Gehorsam verweigern. Von diesem Tage an – wann immer der böse Geist Saul peinigte – saß David neben dem König und spielte die Harfe.

Eines Tages versammelten sich die Israeliten im Tal von Elah, um ihre Feinde, die furchterregenden Philister zu bekämpfen.

Niemand mochte die Philister sehr. Sie waren gemein und grausam, und gingen keinem Kampf aus dem Weg.

König Saul starrte über das Tal auf die philistäische Armee. Sie hatten viele Streitwagen und mehr Soldaten, als er zählen konnte. Er griff nach seinem Schwert und bereitete sich in aller Eile auf die Schlacht vor.

Der König wusste noch nicht, dass die Philister einen furchteinflößenden Kämpfer auf Ihrer Seite hatten. Sein Name war Goliath. Er war so riesig wie ein Haus und fast drei Meter groß! Jeder fürchtete ihn und niemand kam ihm zu nahe. Goliath war stärker als jeder Mann im Lande Israel.

Wusstest du schon?

Zu dieser Zeit gab es in Israel keine Schmiede. Die Israeliten brachten ihre Eisenwerkzeuge zu den Philistern, um sie schärfen zu lassen. Dafür verlangten die Philister einen sehr hohen Preis.
(1. Samuel 13:20)

Am Nachmittag stellten sich die Israeliten zur Schlacht gegen die Philister auf. Auf einmal marschierte ein riesiger Mann aus dem philistäischen Lager. Es war der mächtige Riese, Goliath! Er trug einen Helm und eine glänzende Brustplatte aus Bronze.

„Warum seid ihr hier, ihr winzigen Israeliten?" brüllte Goliath und zeigte seine riesigen Muskeln. „Wenn ihr euch traut, so wählt einen eurer Männer aus, um gegen mich zu kämpfen. Wenn er gewinnt, werden wir eure Sklaven. Aber wenn ich gewinne, werdet ihr unsere Sklaven."

Die Israeliten zitterten vor Furcht. Sie hatten noch nie gegen jemanden gekämpft, der so groß war wie Goliath. Sogar der Boden bebte unter seinen Schritten. Sie starrten den Riesen großäugig an.

In Bethlehem trug Jesse derweil David auf, seine drei Brüder zu besuchen, die Soldaten in Sauls Armee waren. „Nimm diese Brotlaibe mit und begib dich zum Tal von Elah", sagte er. „Finde heraus, ob es deinen Brüdern gut geht und dann komm zurück und berichte mir."

David verschwendete keine Zeit. Früh am nächsten Morgen sprang er aus dem Bett, schnappte sich den Beutel mit dem Essen und machte sich auf den Weg, wie sein Vater ihm befohlen hatte. Er erreichte das Heerlager gerade, als die Soldaten in die Schlacht marschierten.

David ließ den Beutel auf den Boden fallen und rannte an die Front, um seine Brüder zu begrüßen. Er war dem Feind noch nie so nahegekommen und war aufgeregt. Er verschränkte seine Arme und starrte wütend auf die Philister.

Wie konnten sie es wagen und versuchen, die Israeliten zu vernichten!

„Warum seid ihr für die Schlacht aufgestellt?" brüllte Goliath. Er hatte die Israeliten nun vierzig Tage lang bedroht und wurde langsam ungeduldig. „Kommt und kämpft mit mir, ihr Feiglinge!"

Die Israeliten hätten eigentlich längst an Goliaths Drohungen gewöhnt sein müssen, doch sie waren noch ängstlicher als zuvor. Sie rannten zurück zum Lager, so schnell ihre zitternden Beine sie trugen.

„Dieser Riese ist ein Monster!" riefen die Soldaten. „Wenn wir ihn nur irgendwie töten könnten, dann würden wir die vom König versprochene Belohnung erhalten!" David wandte sich den Soldaten zu. „Was ist die Belohnung dafür, Goliath zu töten?" fragte er. „Und übrigens, wer ist dieser Philister, der es wagt, die Armee des lebendigen Elohim herauszufordern?"

Wusstest du schon?

Saul war 30 Jahre alt, als er König von Israel wurde. Er regierte 42 Jahre lang.

Die Soldaten erzählten David alles über Goliaths Herausforderung. Danach berichteten sie ihm, was Saul dem Mann versprochen hatte, der Goliath zu töten vermochte. „Der König wird ihm seine Tochter zur Frau geben und seine Familie reich belohnen." David lächelte. Die vom König versprochene Belohnung klang gut in seinen Ohren.

In diesem Moment trat Davids Bruder Eliab hervor. „Was tust du hier, du Schwächling?" fragte er, und stieß seinen Speer gegen Davids Brust. „Du sollst die Schafe hüten. Du bist kein Krieger. Du bist doch nur gekommen, um dir den Kampf anzuschauen!"

„Was habe ich nun getan?" fragte David und wandte sich wieder an die Soldaten. „Ich habe nur eine Frage gestellt." Er ignorierte seinen älteren Bruder und sprach mit den Männern weiter. Tief in seinem Herzen, wollte er dabei helfen, das Volk von Israel vor den Philistern zu retten.

Als König Saul von Davids Tapferkeit hörte, ließ er David herbeirufen. David sagte dem König: „Niemand sollte vor diesem Philister Furcht haben! Ich werde gehen und mit ihm kämpfen!"

„Wie kannst du diesen Riesen bekämpfen?" entgegnete Saul. Er musterte David von oben bis unten und zuckte mit den Achseln. „Er ist großer Krieger, und du nur ein junger Bursche."

„Ich habe Löwen und Bären getötet, um die Schafe meines Vaters zu beschützen", sagte David. „Gott wird mir ebenfalls dabei helfen, den Riesen zu töten – warte nur ab!" König Saul strich über sein Kinn. Er wusste nicht, wie er mit Goliath umgehen sollte. Konnte David die Antwort sein?

Wusstest du schon?

König Saul war der größte Mann Israels. Manche Historiker glauben, dass er fast 2 m groß war!

„Gut", sagte Saul schließlich zu David. „Geh und kämpfe gegen den Riesen, und möge Gott mit dir sein." Er setzte David einen Bronzehelm auf den Kopf und gab ihm eine Rüstung.

Davids Herz schlug nun etwas schneller. Er griff das Schwert und steuerte auf das Schlachtfeld zu. Doch weit kam er nicht. „Ich kann diese Rüstung nicht tragen! Sie ist zu groß und zu schwer." Er riss sich den Bronzehelm vom Kopf und gab Saul die Rüstung zurück. „Keine Sorge – ich habe einen anderen Plan!"

David wusste, dass Goliath vier fiese Söhne hatte. Er stützte sich auf seinen Hirtenstab, las fünf glatte Steine aus einem nahegelegenen Bach auf und verstaute sie in seiner Tasche. Nun war er bereit für die Schlacht!

Mit der Schleuder in seiner Hand, schlenderte er auf Goliath zu. Goliath hatte bereits vierzig Tage lang gewartet und war zum Kampf bereit. „Werde ich verrückt? Ist das, was du da trägst, etwa ein Stock?" sagte Goliath. „Warum schickt Ihr Israeliten mir keinen richtigen Soldaten zum Kämpfen?" David drehte seine Schleuder langsam und wartete.

„Komm näher", forderte Goliath David heraus. „Ich werde deinen Körper den Vögeln und Tieren zum Fraß vorwerfen." David sah Goliath direkt in die Augen. „Du trittst mir mit einem Schwert und einem Speer entgegen", sagte David. „Doch du machst mir keine Angst. Ich trete dir im Namen des Herrn entgegen, dem Elohim dieser Armee."

Goliath verschluckte sich beinahe. Wie konnte dieses Israelitische Kind es wagen, ihm zu drohen? Aber David war noch nicht mit Sprechen fertig. „Gott wird dich mir ausliefern! Ich werde dich töten und die Körper aller Philister den Vögeln und Tieren zum Fraß vorwerfen. Dann wird die ganze Welt wissen, dass es einen Gott von Israel gibt."

Wusstest du schon?

Gott wählte oft Hirten aus, um das hebräische Volk anzuführen. Abraham, Isaak, Jakob, Mose und David waren alle Hirten. Jeschua bezeichnete sich selbst als den "guten Hirten."

Goliath hatte genug gehört. Er erhob seinen Speer ein wenig höher und stampfte auf David zu. Staubwolken wirbelten bei jedem Schritt des Riesen auf, doch David war nicht verängstigt. Er nahm einen Stein aus seiner Tasche, legte ihn in die Schleuder, und schwang sie dreimal um seinen Kopf.

Whoosh! Whoosh! Whoosh!

David zielte auf den Riesen. Der Stein sauste wie eine Rakete durch die Luft und traf Goliath in der Mitte seiner riesigen, behaarten Stirn. Goliath stolperte vorwärts und krachte mit einem Plumps auf den Boden.

Die philistäischen Soldaten starrten David erstaunt an. Sie konnten es kaum glauben, dass dieser junge Schafhirte ihren Riesen überwältigt hatte! David hatte den mächtigen Philister nur mit einer Schleuder und einem Stein getötet!

David rannte zu Goliath hinüber. „Glaubt ihr mir jetzt?" fragte er. Er zog das Schwert des Riesen und schlug ihm den Kopf ab. Die israelische Armee jubelte. „Gott hat uns Goliath ausgeliefert!" riefen sie.

Als die Philister sahen, dass Ihr Held tot war, drehten sie sich um und rannten so schnell sie konnten fort. Doch die Israeliten ließen sie nicht so leicht entkommen. Sie nahmen ihre Waffen und verfolgten die philistäischen Soldaten bis zu ihren Häusern.

Wusstest du schon?

Riesen (Nephilim) hatten sechs Finger an jeder Hand und sechs Zehen an jedem Fuß. (2. Samuel 21:20 und 1. Chronik 20:6)

David aber hatte Goliaths riesigen beharrten Kopf nicht vergessen. Er klemmte ihn sich unter seinen Arm und trug ihn zurück nach Jerusalem, um ihn den König zu zeigen.

König Saul war mit David zufrieden. „Von nun an wirst du für mich arbeiten", sagte er und legte eine Hand auf Davids Schulter. „Du bist ein Soldat, kein Schafhirte."

Um diesen großartigen Sieg zu feiern, veranstaltete das Volk von Israel eine Feier. Sie sangen, tanzten und spielten auf Ihren Tamburinen. Dieser Sieg hatte bewiesen, dass Gott mit ihnen war. Mit Davids Hilfe hatten Sie die mächtigen Philister besiegt!

ENDE

Teste Dein Wissen!
(Vergleiche die Antworten mit den Fragen am Seitenende)

FRAGEN

Was war der Name von Davids Vater? ....

Welcher Prophet salbte David zum nächsten König von Israel? ....

Wo war König Sauls Palast? ....

Welches musikalische Instrument spielte David für König Saul? ....

Wo schlugen die Israeliten und Philister Ihre Lager auf? ....

Wie groß war Goliath ....

Wer gab David die Erlaubnis, Goliath zu bekämpfen? ....

Wie viele Steine las David vom Bach auf? ....

Wie besiegte David Goliath? ....

In welchem Buch der Bibel können wir über David und Goliath lesen? ....

ANTWORTEN

1. Jesse
2. Samuel
3. Gibea
4. Harfe
5. Tal von Elah
6. Fast 3 Meter
7. König Saul
8. Fünf Steine
9. Mit einem Stein seiner Schlinge
10. 1. Samuel 15-18

Löse das Wortsuchrätsel

DAVID ISRAEL
GOLIATH PHILISTER
SAUL SCHLEUDER
KÖNIG RIESEN
OLIVENÖL GIBEA

```
R K Ö N I G G S A D
I I W G K I I C O A
G Q E S H X S H L V
H I V S O F A L I I
N N B M E H U E V D
K V F E O N L U E V
G O L I A T H D N O
B I Q L L Y D E Ö H
I S R A E L J R L J
P H I L I S T E R X
```

Bible Pathway Adventures®

Flucht aus Ägypten

Die Geburt des Königs

Die Sintflut

Schiffbrüchig!

Der Exodus

Den Löwen zum Frass vorgeworfen

Der Verrat des Königs

Der auferstandene König

Verkauft in die Sklaverei

Gerettet von einem Esel

Die auserwählte Braut

Solomon der Tempelbauer

Die Hexe von Endor

Entdecke mehr Bibel Geschichten von Bible Pathway Adventures!

Lesen Sie die Aktivitätsbücher von Bible Pathway Adventures

GEHEN SIE ZU

www.biblepathwayadventures.com

www.ingramcontent.com/pod-product-compliance
Lightning Source LLC
Chambersburg PA
CBHW040318100526

44583CB00004BB/144